엄마와의 반짝거리는
작은 추억을 나누고 싶습니다

엄마

엄마

이해인 수녀의 사모곡

샘터

어머니의 편지에서는 늘 꽃향기가 난다.
치자꽃, 분꽃, 국화, 코스모스 등 각종 꽃잎들과 단풍잎들이 들어 있다.

언니 수녀와 어머니의 모습.
이 꼬마 인숙이가 열세 살이 되어야
해인 수녀가 세상의 빛을 보게 된답니다.

1967년 4월, 예비 수녀 휴가기에
어머니, 오빠, 동생과 함께.

|차례|

꽃물 든 그리움으로

봄 이야기 | 25
슬픔 중에도 축하를 | 28
그리움의 감기 | 30
어릴 적의 추억 | 31
엄마의 도장 | 35
새에게 꽃에게 | 36
남겨 주신 선물 | 38
눈물도 얼었었나 | 40
엄마의 혼잣말 | 41
엄마를 꿈에 본 날 | 42
단추 예술 | 44
엄마를 부르는 동안 | 46
무얼 들고 계신지 | 48
빗금 김치 | 50
세상에 가득한 엄마 | 51
눈 내리는 벌판 위에 | 52
바닷가에서 | 54
언니 같고 친구 같은 | 55
어머니의 눈물 | 56
행복론 | 57
들판에 서서 | 58
어머니는 반지를 | 59
듣고 싶은 감탄사 | 60
눈물이 꽃을 피워 | 61
무지개 속에서 | 62
비켜 가는 지혜 | 64
엄마와 성모님 | 65
어머니의 사계 | 66
바람 속에서 | 68

prologue 10
사모곡을 엮어 내며 12
편지 하나 15
편지 둘 18

더 생생한 모습으로

- 더 생생한 모습으로 | 75
- 시간이 지나가도 | 77
- 어머니의 빈방에서 | 78
- 어머니의 기도 | 80
- 어머니의 유년 시절 | 84
- 노인대학에서 | 85
- 어느 노사제의 고백 | 88
- 자갈치 시장에서 | 89
- 진분홍 그리움으로 | 90
- 맑고 높은 기도의 말이 | 92
- 엄마의 영어 쓰기 | 93
- 수녀원 묘지에서 | 94
- 늘 겸손하게 | 96
- 고운 신발은 신지도 못하고 | 97
- 가평잣과 황남빵 | 98
- 엄마 비슷한 이를 보면 | 99
- 어머니의 나들이 | 100
- 이웃에게도 그리움을 | 102
- 성탄카드 | 104
- 엄마의 편지에선 | 105
- 엄마 | 106
- 사진 속의 어머니 | 108
- 살구나무 아래서 | 110
- 프라하의 아기예수님상 | 111
- 꿈 이야기 | 112
- 어머니도 우리가 | 116
- 엄마 흉내 내기 | 118
- 비 오는 토요일 | 120
- 어머니는 가셨지만 | 122

어머니의 섬
어머니 생전에 쓴 해인 수녀의 시와 동시들

- 달밤 | 129
- 고향의 달 | 130
- 엄마의 꽃씨 | 132
- 어머니의 편지 | 134
- 어머니 | 136
- 엄마를 기다리며 | 139
- 엄마는 우리에게 | 140
- 엄마와 딸 | 141
- 어머니의 섬 | 142
- 어머니의 방 | 144
- 어머니의 손 | 146
- 치자꽃 | 147
- 어머니께 드리는 노래 | 148
- 여름 노래 | 150
- 해바라기 마음 | 151
- 우는 연습 | 152
- 엄마와 아이 | 153
- 엄마, 저는요 | 154
- 엄마와 분꽃 | 156
- 나의 어머니 | 158
- 편지 | 160

추모 글 하나 166
추모 글 둘 170
epilogue 172
당신께 전하는 감사 편지 178

아플 땐 아파서
슬플 땐 슬퍼서
기쁠 땐 기뻐서
제일 먼저 생각나는
그리운 사람, 엄마
엄마는 저에게
썰물이 아닌 밀물입니다
아프디아픈 파도입니다
부르면 금방
기도로 펼쳐지는
아름다운 수평선입니다
아아, 엄마, 어머니……

| 사모곡을 엮어 내며 |

꽃물 든 그리움, 어머니

"이 세상에 나를 낳아 주신 엄마가
세상을 떠나신 후
나는 살아가는 법도
사랑하는 법도 다 놓치고 사는
바보가 되었네……"라고 읊은 적이 있습니다.

진정 한 인간의 삶에 어머니라는 존재가 갖는 비중은 상상을 초월합니다.

어머니의 사랑을 받은 것과 못 받은 것의 차이가 크듯이 어머니가 살아 계실 때의 세상과 안 계실 때의 세상은 어떻게 설명할 길이 없습니다.

혹시라도 누가 내게 좀 지나친 것 같다고 흉을 보아도 어머니를 그리워하는 일만은 앞으로도 아마 멈출 수가 없을 것 같습니다.

어느 날, 하도 보고 싶어 실컷 울고 나면 후련할 것 같다가도 다시 다시 맑고 깊게, 높고 넓게 그리워지는 어머니……. 어머니가 떠나신 후 처음으로 맞는 봄, 여름에 꽃은 어찌나 많이도 피던지!

꽃 이름을 부르듯이 어머니의 이름을 참 많이도 부른 계절이었습니다.

유난히 꽃을 사랑하시어 편지 안에도 매번 꽃잎을 넣어 보내시던 어머니께 꽃물 든 그리움으로 이 자그만 사모곡을 바칩니다.

이승에서 어머니와 함께했던 추억의 고운 시간들을 떠올리며 소박하게 엮은 이 시들이 어머니를 사랑하는 독자들의 마음에도 한 송이 어여쁜 그리움의 꽃으로 피어나길 기대해 봅니다.

특히 어머니를 여의고 슬퍼하는 분들, 나의 어머니와 개인적으로 알고 지내던 분들 그리고 성당이나 다른 장소에서 특강을 하는 사이사이 어쩌다 이 시들을 낭송하면 함께 울어 주던 고마운 독자들께 이 조그만 시들을 정겨운 선물로 바치고 싶습니다.

이 책의 출판을 망설이는 나에게 거듭 용기를 준 샘터사에도 깊이 감사드립니다.

2008. 여름
바다가 보이는 해운대서 이해인

편지 하나 | 해인 수녀가 유학 중에 받은 엄마의 편지

그리운 작은 수녀님에게

|1972년, 가을|

한국은 요즘 단풍잎으로 곱게 물든 늦은 가을이에요. 곡식들은 제각기 주인을 기다리고 있으니 보는 내가 자랑스럽기도 해요.

목화솜처럼 하얗고 결백한 '구름' 수녀가 써보낸, 한이 얽히고설켜 있는 글을 읽고 나니 엄마는 눈시울이 뜨거울 만큼 목 놓아 실컷 울고 싶은 심정이 솟구치는구려.

난 어린 시절에 누구를 막론하고 환갑이라면 인생은 고비로 접어들어 마지막이라 싶었는데 꿈결같이 돌아온 오늘 나의 61번째 생일을 맞고 보니, 한평생이 짧아 허전한 마음 금치 못해요.

우리 작은 수녀 참으로 감사해요. 세밀하고 찬찬한 효심을 담아 길고 한이 없는 숱한 얘기로 꽃을 피우고 축사를 마련해 분에 넘치도록 가슴을 메워 주니, 이제 나는 곧 죽는다 해도 아무런 미련 하나 없이 훨훨 날

유학 중 어머니의 회갑 잔치에 함께하지 못하는 죄송한 마음을 담아, 사랑으로 쓴 해인 수녀의 친필 편지 묶음.

아갈 것만 같군요.

첫 장에서 제일 인연이 깊은 주님의 축하를 반갑게 맞았고, 두 번째 장에서는 뜻 깊은 가야금의 아름다운 소리도 즐겁게 들었죠. 세 번째 장에서는 지난날의 서러운 모습들을, 네 번째 장에서는 잊을 수 없는 기막힌 쓰라림을 겪은 애처로운 나날들을 돌아보았어요. 하지만 희생의 씨앗으로 다행히 좋은 결실을 맺었으니 여생을 보람 있게 걸어갈 수 있겠죠. 다섯 번째 장을 읽으면서는 허공에 날리는 한낱 연 조각같이도 미약했던 나의 존재를 희망에 부푼 자식들이 마치 강한 끈으로 당기듯 애지중지 부르짖었기에 힘차게 세월과 싸워가며 승리의 결승점에 도달할 수 있었다는 생각을 했어요. 그렇죠. 이 모든 시련이 주님께는 조금이라도 위로가 되셨다면 그 이상 영광이 아닐 수 없으리다.

10월 9일에는 격식은 제대로 못 갖추었어도 의외로 손님이 많아서 그런대로 조촐한 회갑 잔치를 한일관에서 지냈어요. 제일 흐뭇했던 것은 케이크에 촛불을 켜서 입구에서부터 오빠 내외가 마주 들어다 엄마 앞에 놓으며 축하해 준 것과 아울러 아우님이 서 돈짜리 금목걸이를 손수 동생 목에 걸어 주신 것이었죠. 눈물겹도록 감개무량했지요.

춘천 외숙모도 숙정이와 같이 왔었는데 고급 옷 한 벌과 삼천 원을 주었고 준식이네와 기순 아줌마, 진이 외가에서도 옷

한 벌씩, 동훈이도 얌전한 양단 옷감을 주었어요. 동훈이는 오빠가 취직시켜 줘서 지금은 착실한 아빠 노릇을 한대요. 이철범 선생 댁에서는 겨울 내복, 고무신 열두 켤레, 은수저 두 벌이 들어왔는데 수녀 형제에게 기념으로 주리다. 언니도 필요한지 알아봐야지. 참 사진도 잘 보았어요.

  6월 28일경 《시편은 우리의 기도》라는 책을 부쳤는데 못 받았나요? 오래간만에 엊그제 가회동에 갔었는데 은경 할머니는 외출하시고 리드비나 회장 댁에 들렀더니 퍽도 반가워하시고 대녀 소식을 묻기에 그렇잖아도 대모님을 만나고 싶어 했다니까 섭섭한 표정이대요. 얼마 동안 외손자 뒤치다꺼리하느라 수고가 많았으나, 요즘은 조용한 살림을 하고 지내시더군요. 우리 집에 오시라고 전화번호 적어 왔지요.

  이번 셋째 아기는 분도병원에서 낳았는데, 수녀 집안이라고 특별 대우를 받고, 아주 충실해요. 조 신부님께 전화를 드렸더니 반색을 하시면서 오라고 부탁을 하시어 작은 고모와 같이 며칠 내로 찾아뵐 예정이라우. 제기동 삼촌이 2만 원 준 것으로는 올겨울에 엄마 오버나 장만해서 입으려고 해요. 이 덕 저 덕 호강이 늘어졌네요. 10월 14일에 쌍동 애비가 부산 언니한테 다녀왔는데 다들 무고하시더래요.

  그럼 여기서 안녕!

                                    엄마가

편지 둘
기도 속에 사시는 어머니께

|2000년, 봄|

"우리 집 뜰의 돌나물을 뜯어 손님들에게 무쳐 드려야겠어." 며칠 전에 전화드렸을 적에 어머니는 이렇게 말씀하셨지요? 올해로 아흔이 되시니 다들 장수하신다고 입을 모으는데, 이런 말도 자꾸 들으니 너무 오래 사는 것 같아 민망하다고 하셨지요? 이번 스승의 날에 모처럼 여중 시절의 담임이셨던 안온신 선생님께 카드를 보냈더니, "단아한 모습으로 깊은 신심이 엿보이던 어머님께서 장수의 축복을 누리시는군요. 수녀님에게 주시는 하느님의 축복입니다"라고 40년 전 어머니의 모습을 아직도 기억하며 답을 보내왔어요.

4남매를 남겨 놓고 아버지가 납치되신 후 51년을 오직 신앙에 의지하여 살아오신 어머니, 수녀가 된 두 딸을 만나기 위해 부산으로 기차를 타고 오실 때면 성당 노인잔치에서 받은 내의, 수건, 비누, 조카들이 안 쓰고 내어 놓은 달력이나 인형까지 선물로 넣어 오시느라 가방이 늘 무거우신 어머니, "큰 수녀의 선녀는 흰옷을 입어 우아했으며 작은 수녀의 선녀는 좀 더 화려한 옷을 입고 있었지"라는, 내용이 비슷했다는 두 딸의 태몽 이야기를 만나는 이들에게 들려주시는 어머니, 어쩌다 작은 수녀의 글이 신문이나 잡지에 실리면 버스를 타고 구청에까지 가서 수십 장 확대 복사를 하여 친지들에게 돌리신다는 어머니께 저는 감사는커녕 오히려 못마땅하다는 표현을 해서 서운함을 안겨 드렸지요.

지난달에는 오랜만에 어머니를 모시고 춘천 외삼촌댁에 다녀왔는데, 꽃무늬 원피스에 파란 물방울무늬의 스카프를 매시고 숱이 없는 머리를 가리기 위해 손녀 향이가 선물했다는 하얀 모자를 쓰시고 막내딸 로사가 미국에서 보낸 고운 반지도 끼시며 한껏 멋을 내셨지요. 그때도 저는 어머니께 "좀 수수하게 차려 입으시지" 어쩌고 하면서 잔소리를 했던 게 마음에 걸립니다. 왜 딸들은 먼 데서는 엄마를 그리워하다가도 막상 효도할 기회가 오면 그렇지 못한지 저 또한 늘 반성하면서도 고치질 못합니다.

전철을 자주 이용해 서울 지리에도 아주 훤하시고 여전히 커피, 맥주를 즐겨 드시며 바느질도 가끔 하시지만, "이젠 정말 전과 같지 않아"라고 자주 말씀하시는 어머니, 전보다 걸음이 훨씬 느려지시고 등도 많이 굽으신 걸 이번 여행길에서 한눈에 눈치 챌 수 있었습니다. 어머니를 모시는 우이동의 오빠 내외도 부쩍 왜소해진 어머니의 뒷모습을 보고 깜짝 놀랐다고 했습니다. 혼자만 감당해야 했을 인고의 세월이 깊이 서린 어머니의 굽은 등, 흰 다리는 오히려 아름답게 보입니다.

손녀들이 종종 '원더우먼'이라고 부르기도 했던 어머니의 육체적 힘은 이제 서서히 약해지고 있지만, 일생을 자식을 위해 희생하신 그 사랑만은 세월이 가도 빛을 잃지 않을 것입니다. "이렇게 나이를 먹어서도 엄마와 헤어질 땐 눈물이 난다"고 저는 어느 시에 적었습니다. 꽃잎과 꽃씨를 넣어 부쳐 주시던 다정한 편지, 하느님도 안 들어주시고는 못 배길 그토록 단순하고 열정적인 어머니의 기도가 있었기에 우리 4남매는 다 잘 지내고 있다고 여겨집니다.

40여 년 봉쇄 수도원인 가르멜 수녀원에 살고 있는 인숙 언니는 맏이라서 그런지 어머니에 대한 애정도 더욱 애틋하지요. 어쩌다 저와 통화가 되면 "얘, 있잖아? 앞으로 어머니가 몇 번이나 더 기차를 타고 부산에 오실까?" "어느 날, 어머니의 편지나 소포가 끊기면 너와 나는 매우 허전하겠지?" 합니다. "언니는 왜 미리 슬퍼하고 야단이야?" 하고 핀잔을 주다가 슬그머니 저도 어머니가 안 계신 세상을 미리 상상해 보면 눈물이 핑 돌곤 한답니다. "험한 모습 안 보이고 자는 듯이 곱게 가야 할 텐데……" 하고 말씀하시는 어머니의 그 음성은 아직도 소녀 같으십니다. 거리상, 형편상, 좀 더 자주 뵐 수 없는 것이 늘 안타까울 뿐이지요. 그래도 서로 기도 안에 함께할 수 있음이 얼마나 큰 위로인지요!

'신은 모든 곳에 계실 수가 없기에 어머니를 만드셨다'는 뜻 깊은 말을 기억하며 어머니를 불러 보는 5월, 베풀어 주신 모든 사랑에 감사드리며 어머니가 주신 장미 묵주 알을 그리움 속에 만져 봅니다. 늘 기도 속에 사시는 어머니를 위해 저도 오늘은 묵주 기도를 바치렵니다.

작은 딸 올림

꽃물 든 그리움으로
꽃을 보러 가는 길의 끝에는
꽃을 드신 엄마가 서 계셨어요

꽃물 든 그리움으로

봄 이야기

1

가을에 태어나 가을에 가신 엄마
꽃피는 봄과 여름 사이
엄마는 저를 낳으셨지요
저는 언제나 봄의 아이로
엄마께 봄을 드리고 싶어요

엄마가 좋아하시던
연둣빛 돌나물도 돋았어요
분홍빛 진달래도 피었어요
하늘나라에서
봄처럼 밝고 행복하셔요

2

봄산을 가득 덮은
분홍 진달래를 보며
엄마가 해주셨던
분홍 꽃치마를 생각했어요
엄마가 즐겨 부르시던
진달래 노래도 생각했어요

꽃물 든 그리움으로
꽃을 보러 가는 길의 끝에는
꽃을 드신 엄마가 서 계셨어요

3
산에 오니 꾀꼬리 종달새가
어여쁜 노래를 하고 있네요
그 고운 소리에 반해
한참 동안 산길에 서 있었지요
엄마와 함께
다시 듣고 싶은 새소리
엄마와 함께
다시 보고 싶은 푸른 하늘

슬픔 중에도 축하를

2007년 9월 10일
서울 길음동 성당
장례 미사 강론에서

"할머니의 삶은
한 장의 단풍잎 같았지요
바람에 떨어졌어도
책갈피에 넣어 간직하고 싶은
단풍잎처럼 고운 삶을 사셨지요!"
하던 김 신부님의 말씀에
다들 고개를 끄덕였답니다

"인생이라는 학교에서
학업을 마치고
빛나는 졸업장을 타신 분에게
슬픔 중에도 다 같이
축하를 드립시다!"
해서 눈물 속에도 웃었습니다

그날 우리의 슬픔 속엔

빨간 단풍이
불타고 있었습니다, 어머니
그것은 눈물이 스며들어
더욱 곱디고운 사랑이었습니다, 어머니

그리움의 감기

엄마 떠나신 후
그리움의 감기 기운
목에 걸려
멈추질 않네

내 기침 소리
먼 나라에 닿아
엄마가 아주 잠시라도
다녀가시면 좋겠네

더 이상 중요한 것도 없고
더 이상 욕심이 없어진 세상
엄마와의 이별로
마음은 더 맑고 깨끗해졌는데

이토록 오래 쓸쓸할 줄이야
엄마라는 그리움의 뿌리가
이토록 길고 깊을 줄이야

어릴 적의 추억

1
내 어릴 적
엄마가 사랑을 넣어 만들어 준
고운 원피스 헝겊 가방 덧버선들은
다 어디로 갔을까
헝겊 위에 수놓아진
꽃 나비 새들은
다 어디로 갔을까
엄마는 또 어디로 떠나신 걸까

그리움 속에
다시 찾고 싶은
어릴 적의 물건들
어릴 적의 추억들

2
어린 시절
엄마가 만들어 주신
부침개를 맛있게 먹던 친구가
생전 연락도 안 하다가

엄마의 떠나심을 자기에게
알려 주질 않았다고
연락이 안 되면
새벽이나 밤에도 해주었어야 한다며
불같이 화를 내는데
그 친구가 더 예쁘고 정겹게 여겨집니다
내일은 그 친구를 만나
가회동 골목길에서
우리가 엄마와 함께했던
추억을 실컷 이야기하렵니다

3
제가 여섯 살 적
날마다 함께 놀던 동무를
꼭 한번 찾아보라 하시어
어렵게 찾은 후
어쩌다 한 번 엄마와도 통화가 되니

"오, 이게 누구야? 유명이구나
너무나 반갑네!

갑자기 부활한 사람을 만난 느낌이야
우리 한번 만나야지?" 하셨지요

저와 놀던 기억은 희미해도
엄마만은 또렷이 기억한다던
그 친구는 국화를 한 아름 들고
엄마의 묘지에 와
절을 했지요
생전에 만나 뵙지 못한 일이
매우 아쉽다고 말했습니다

지금은 수중 발레 코치가 된
청파동 어린 시절 그 동무와
지금도 종종
전화를 주고받으며
엄마 이야기를 하곤 합니다
반세기가 지났어도
어린 시절 동무끼리는
늘 반갑고 정겹고 애틋하네요

엄마의 도장

엄마의 손때 묻은 도장을
하나 갖고 있답니다

반듯하게 찍힌
김순옥이란 그 이름

흔한 이름이지만
엄마께 어울리는 귀한 이름

이 도장을 들고
은행에도 가시고
동사무소에도 가셨지요

엄마가 손수 뜨신
초록색 도장집이 어찌나 앙증스러운지요
고리는 보랏빛으로 살짝 변화를 주셨군요

새에게 꽃에게

아침부터 조잘대는
새들에게 물어봅니다

너의 엄마는 어디 있니?
너도 엄마와 헤어져 사니?

가만히 웃고 있는
꽃들에게 물어봅니다

너의 엄마는 어디 있니?
눈에 보이진 않지만
늘 엄마와 함께 산다고
언젠가 네가 내게 말했지?

남겨 주신 선물

1
언제 어디서라도
누구에게나
아주 작은 것 하나라도
나누어 주길 좋아하신 엄마
엄마가 모아 두신
서랍 속 물건들을
다 정리하였는데
퇴원하신 후
그 선물꾸러미부터 찾으셨지요
그땐 정말 죄송했어요
병원에서 당신 방으로
다신 못 오실 줄 알고
미리미리 정리를 했거든요
그래도 나무라지 않으시고
빙긋 웃으시던 엄마
살아생전에도
떠나신 이후에도
진정한 선물로 남아 계신
우리 엄마

2
"내가 수십 년 읽던 성경인데
이걸 가져 가. 정말 좋거든!"
검은 헝겊으로 덮개를 한
옛날 성경책 한 권을
조용히 읽다 보면
소리 내어 성경을 읽으시던
엄마의 목소리가 들립니다
묵상 내용을 혼잣말로 즐겨 하시던
엄마의 그 목소리가 곁에 있어 좋습니다

3
엄마가 쓰시던 물건을 두고
유품이라고 말하는 것도
아직은 낯설어요
한 번이라도 엄마의 손길이 닿았던
모든 물건들이 다 소중합니다
엄마의 꿈과 기도
시간과 사랑이 스며 있는 모든 물건들이
시시각각으로 말을 건네 옵니다

눈물도 얼었었나

엄마 살아 계실 적에
문득문득 영이별의 아픔을
생각 안 해본 건 아닌데
지레 겁먹고 울기도 여러 번인데
정작 그날을 맞았을 땐
그저 멍멍하기만 했어요
아마 눈물도 얼었었나 봐요
뒤늦게 이처럼 펑펑 녹아내리는 걸 보면……

엄마의 혼잣말

"아 정말 좋은 말씀이네!"
성서를 읽고 나서 하는 되새김

"조금 이따 빨래를 해야지"
해야 할 일들의 계획

"다들 왜 그 모양인지!"
못마땅한 일들에 대한 슬픔

"그 들판은 얼마나 아름답던지!"
자연을 감상하고 나서 하는 감탄사

엄마의 혼잣말을 그리워하며
저도 가끔은 습관처럼
혼잣말을 해본답니다

엄마를 꿈에 본 날

하도 보고 싶어
기도하며 기다리니
아주 잠시
꿈길에 다녀가신 엄마

엄마를 꿈에 본 날의
그 여운으로
세상이 아름답고
사람들이 사랑스럽네요

평소와 같이
미소 가득한 모습으로
조용히 서 계시던 엄마

엄마를 만난 기쁨이
하도 크고 소중해서
아무에게도 말하고 싶지 않았지요
혼자서 빙그레 웃기만 하였지요

언제라도

엄마 계신 집에
잠시 들를 수 있다는 것이
꿈길에서도
어찌나 행복하던지요

엄마 계신 곳이
바로 집이라는 걸
다시 알고
어찌나 포근하던지요

단추 예술

오늘은 저도
엄마가 남겨 주신 단추로 무언가를
만들어 보려고 합니다
헝겊 모서리에 고운 단추 세 개 달아
컵 받침을 만들고 헝겊 가방에도
몇 개를 장식으로 달아 보려고 합니다

엄마가 모아 두신
수백 개의 단추들을
제가 수도원으로 가져간다니
매우 기뻐하셨지요
"사람들이 몰라서 그렇지
단추는 얼마나 쓸모가 많은지 몰라"
하시던 엄마

블라우스에 장식도 만들고
치마의 앞뒤를 분별하는
표지판도 된다며
단추 자랑을 하시던 엄마

저는 이 단추를 종이에 붙이고
단추에 대한 시를 적어
선물한답니다
단추마다 기쁨과 사랑과 희망의 이름을 붙여
선물한답니다
엄마의 단추 예술을 떠올리면서……

엄마를 부르는 동안

엄마를 부르는 동안은
나이 든 어른도
모두 어린이가 됩니다

밝게 웃다가도
섭게 울고

좋다고 했다가도
싫다고 투정이고

변덕을 부려도
용서가 되니
반갑고 고맙고
기쁘대요

엄마를 부르는 동안은
나쁜 생각도 멀리 가고
죄를 짓지 않아 좋대요

세상에 엄마가 있는 이도

엄마가 없는 이도
엄마를 부르면서
마음이 착하고 맑아지는 행복
어린이가 되는 행복!

무얼 들고 계신지

멸치 국물 우려내
맑게 끓인 콩나물국
담백한 국수
커피와 맥주
새우깡과 만두를
즐겨 드시던 엄마

"오늘은 또 무얼 먹을까?"
설렘과 기대로 가득했던
그 음성 다시 듣고 싶어요
함께 웃으며
소박한 식탁 차리고 싶어요

"나 혼자서 먹으려고 그러는 게 아니야……
누구랑 나누어 먹으려고 준비하는 거지"

미안한 듯이 부끄러운 듯이
살짝 웃으시던
그 모습 다시 보고 싶어요
지금은 천상에서

무얼 들고 계신지요

엄마가 즐겨 해주시던
카레라이스 오므라이스가
오늘은 먹고 싶네요
엄마의 김밥 김치찌개
계란말이 나박김치도 생각나네요

빗금 김치

TV에서 진행하는 요리 시간에
메모한 것이라며
동네 슈퍼에서 무를 사다가
빗금 김치를 담그시던 엄마

"특별한 것을 보면
만들고 싶어서 말이야"
흐뭇해하시며
하루에도 몇 번씩 김치 통을
열어 보곤 하셨지요

달력에 살짝
빗금을 칠 적마다
엄마의 빗금 김치가 생각납니다

세상에 가득한 엄마

저에게 기쁜 일이 생기면
세상에는
온통 엄마의 미소로 가득합니다

저에게 슬픈 일이 생기면
세상에는
온통 엄마의 눈물로 가득합니다

이 세상을 떠나셨어도
이 세상은
온통 엄마로 가득합니다

아무에게도 들키지 않게
살짝 울려고 하니
제 가슴이 터질 것 같아요, 엄마

엄마는 이제 가장 아프고 그리운
저의 눈물이 되었습니다
그 누구도 이 자리를
대신해 줄 순 없을 것 같아요, 엄마

눈 내리는 벌판 위에

하늘나라 어머니의 편지처럼
희게 희게 내리는 눈

눈 내리는 벌판 위에
새 한 마리 앉아 있다

나를 빤히 바라보며
더 많이 노래하란다

이제는 그만 울고
더 많이 행복하란다

엄마라는 그 이름
흰 눈을 닮았네

바닷가에서

오늘은 흰 모래의 마음으로
바닷가에 나왔습니다
밀려오는 파도가 내게 말을 건넵니다

'엄마 보고 싶은 마음
내가 대신 울어 줄까?'
'응, 고마워'

하얀 갈매기 한 마리
순한 눈길로
나를 바라봅니다

언니 같고 친구 같은

이 세상에서
나와 가장 친한 한 사람

33년 연상의
언니 같고 친구 같던 엄마가
세상을 떠난 후

나의 매일은
무얼 해도 흥이 없네

슬프고 춥고 외로운
마음의 겨울이
더욱 깊어가네

어머니의 눈물

어머니는
우리에게 눈물을 보이지 않으셨지만
제가 집을 떠나오기 전날 밤
묵주를 들고 우셨지요
소리 내어 통곡을 하셨지요

저는 자는 척했지만
고통의 풍랑을 헤쳐 온 한 여인의
아픔을 보았습니다
어머니의 삶의 이야기를
다는 이해할 수 없었지만
저도 함께 울었습니다

그날 이후 어머니가 제게 보낸
꽃잎 붙인 편지들은
어둠 속에서도 빛을 밝혀 주는
등대와 같았습니다
어떤 유혹에도 흔들릴 수 없는
거룩하고 든든한 방패였습니다

행복론

앞모습
옆모습
뒷모습이
다 함께 그리운 엄마

"앞을 봐도 기쁘고
옆을 봐도 즐겁고
뒤를 봐도 마냥 행복하다"고
수없이 되풀이하셨던
엄마의 행복론을
오늘도 엄마 대신 읊으며
길을 갑니다

들판에 서서

추수를 끝낸 빈 들판에 서서
엄마를 불러 봅니다
지금은 땅속에 계신
엄마를 기억하며
땅 위에 서 있으니
땅이 더욱 정답습니다

6·25 전쟁 때
엄마가 막내를 업고
피난을 왔던 아산이 그리 멀지 않은
충남 솔뫼 성지에서
기도를 하고 있습니다

잠시 꿈에라도 저를 찾아오시어
함께 기차 여행을 하지 않으실래요?
남몰래 우느라 눈이 빨개진 저를
잠시만 위로해 주지 않으실래요?

어머니는 반지를

어머니는 반지를 즐겨 끼셨지요
야윈 손가락에 어느 날은
서너 개를 끼고 계셔
제가 하나만 끼시라 잔소리하면
"이건 막내딸이 준 것 이건 손녀딸이 준 것
이건 대녀가 준 것이라 다 소중해서……" 하며
부끄러운 듯 웃으셨지요

한번은 통도사에 가 제일 아끼시던 반지를
실수로 화장실 변기에 빠트리고 아까워하시기에
일행 중 한 사람이 그걸 건진다고 막대기 찾는 사이
제가 잽싸게 맨손을 넣어 반지를 꺼냈습니다

"정말 미안해. 더러운 변기에 손을 넣다니
역시 딸은 다르네?" 하며 어머니는
매우 고마워하셨지요

가운데 꽃문양이 아름답던 그 반지 비슷한 걸
어쩌다 액세서리 가게에서 발견하면
'이 반지 사드릴까요?' 하고 나직이 속삭인답니다

듣고 싶은 감탄사

"어쩌면!"
"세상에!"
"난 대복大福을 받았어!"
사소한 일들에도
감동을 잘하시던
어머니의 잔잔한
감탄사가 듣고 싶어요

이제는 어머니 대신
제가 날마다
감탄사를 늘리며
살아야 할까 봅니다

눈물이 꽃을 피워

불러도 불러도
'왜 그래?' 하는 대답 없어
나를 슬프게 하는 엄마

엄마를 부르다가 흘리는 눈물은
나를 더욱 깨끗하게 하네요
슬픔 중에도
맑고 착하게 하네요

눈물이
어떤 말보다 향기로운
한 송이 꽃을 피워
기도로 날아가네요

무지개 속에서

오늘은
하늘 저편에
쌍무지개가 떴습니다

'수녀, 잘 있지? 기쁘게 살아야지!'
일곱 빛깔의 무지개 속에서
귀에 익은 엄마 음성 들려옵니다

잘 참고 기다리면
눈물은 사라지고
일곱 빛깔의 기쁨이 떠오른다고
엄마가 웃으면서 일러 주시네요

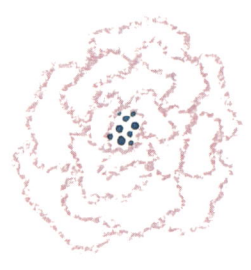

비켜 가는 지혜

"내가 누굴 탓하겠어?
모든 인간 안에 숨어 있는
이기심이 문제일 뿐!"
늘 이렇게 말씀하신 어머니

주변의 누군가를
깊이 원망할 수 있는 상황에서도
개인의 단점을 꼬집기 싫어
슬쩍 비켜 가신 거지요?

없어진 소소한 물건들이
어머니의 방에서 나와
딸들이 흥분하여 채근을 하면
겸연쩍게 웃으시며
"나왔으니 됐네!" 하신 어머니

딸들의 반복되는 잔소리를
비켜 가신 거지요?
슬쩍 비켜 가는 지혜를
저도 배우고 싶답니다

엄마와 성모님

어느 날 병실에서
엄마와 저는
이런 대화를 나누었지요

"간밤 꿈에 성모님을 보았어
얼굴은 못 뵙고 목소리로만 말이야"
"무슨 얘기 하셨는데요?"
"응. 내가 성모님더러 우리 레지오
회합에 나오시라고 했지"
"호호. 성모님을 모시는 모임에
성모님더러 나오시라고 하다니……"
"어찌나 음성이 고우시던지!
날더러 누구냐고 물으시는거야"
"그래서요?"
"저는 심부름 온 사람인데요!" 했지
지금쯤은 그리던
성모님을 뵙고
행복하시겠지요?

어머니의 사계

언제나
봄햇살처럼 따스하고 포근하게
나를 감싸 주던
어머니의 조건 없는 사랑

한여름의 바다처럼
찾아오는 모든 이에게
시원하게 출렁여 주던
어머니의 기도

가을 산의 단풍처럼
이웃에게 고운 기쁨 물들여 주던
어머니의 우정

그리고 한겨울의 흰 눈처럼
자신은 차갑게 다스리고
남에겐 보드랍게 대하시던
어머니의 수련법

바람 속에서

오늘은
바람이 많이 붑니다
부분이 아닌 전체로
온전한 그리움이 되는 이름
어머니, 어머니

어머니를 통하여
하느님을 더 맑게 사랑하고
사람들을 더 깊이 사랑하고
삶을 더 넓게 이해하게 된 것도
아름다운 선물입니다

어머니의 뜰에서
형제들 동무들과
노을이 질 때까지
마음껏 뛰어놀던 어린 시절로
오늘은 꼭 한 번
다시 돌아가고 싶습니다

어머니의 고운 한숨이

흰 꽃으로 피어나는
바람 속에서……

꽃골무

어머니는 80대에도 자투리 헝겊을 얻어다가
꽃골무를 만들어 많은 사람들에게 선물하시곤 했다.
골무 속에 숨어 있는 어머니의 사랑.

❦ 헝겊 가방

어머니가 성당에 갈 때 사용하시던 것으로 손수 만드신 후
바느질이 잘 되었다고 좋아하시며
나에게 선물하셨다.

언제 어디서나 문을 열어 주는
어머니는 나의 집,
그리운 집

더 생생한 모습으로

더 생생한 모습으로

세상을 떠나신 후
세상 어디에도 안 계신
나의 어머니

때로는 생전보다
더 생생한 모습으로
나에게 살아오시네

어머니와 함께 걸었던
골목길 안에도
어머니와 함께 만났던
많은 사람들의
웃음과 눈물 속에도
하얀 무명옷 입고
걸어오시네

고요한 기도였다가
흐르는 음악이었다가
한 송이 꽃이었다가
한 줄기 햇살이었다가

마침내 내 안에
그리움으로 스며들어
나를 부르고 또 부르시는
단 한 분의 지극한 사랑, 어머니
내가 죽어서도
결코 잊을 수 없는
단 하나의 그리움, 어머니

시간이 지나가도

시간이 가면
더러는 잊히는 그리움도 있다는데
어머니를 향한 그리움만은
그렇지가 못하네

세월이 갈수록
더욱 또렷한 소리와 빛깔로
어디서나 나를 에워싸는 그 모습

금방이라도
눈물 글썽거려지는
희디흰 그리움

언제 어디서나 문을 열어 주는
어머니는 나의 집, 그리운 집

어머니의 빈방에서

1
어머니가 지상에서
마지막 숨을 거두시던
바로 그 자리에 저도 누워서
눈을 감아 봅니다

힘겨워도 고요하게
고독해도 의연하게
평소의 모습대로
먼 길을 떠나신
당신의 모습을 그리며
가만히 꿈길로 떠나는
이 엄숙한 슬픔 속의
자그만 행복!

2
"언제 왔어? 반갑네!"
화들짝 놀라며 반가워하시던
어머니가 안 계신
어머니의 빈방에 오니

어머니의 사진만
말없이 저를 바라보고 있어요
즐겨 입으시던
분홍 원피스만
저를 향해 슬피 웃고 있어요

3
건강하시던 시절
제가 어머니를 방문하면
제가 손을 댈 틈도 없이
어느 틈엔가
제 옷을 깨끗이 빨아
개켜 놓곤 하시던 어머니
덜렁대는 제가 잊을세라
칫솔까지 가방에 얹어 두신
어머니의 좋은 기억력은
사랑으로 더욱 빛났습니다

어머니의 기도

1
'밀알 하나가 땅에 떨어져
썩지 않으면 한 알 그대로 남아 있을 뿐
죽으면 열매를 많이 맺을 것이다'

어머니가 그리 좋아하시던 성가를
가만히 불러 봅니다
진정 어머니의 일생은
죽어서 열매를 맺는
한 알의 밀알이었습니다

우리는 그 죽음이 키워 낸
아름다운 열매입니다

2
어머니의 기도를 많이 받았던
대녀나 교우들이
어머니 떠나신 줄 모르고
근황을 물어 오면
저도 금방 목이 메고

그분들도 슬퍼하며 어쩔 줄을 모릅니다
믿음과 희망의 확신에 찬
어머니의 그 여린 듯 힘찬 기도 목소리
오늘따라 그립습니다
이웃이 제게 기도를 청할 적엔
어머니를 기억하며 용기를 냅니다

3
문병 온 이들에겐
"이렇게 누워서 인사를 받아
어쩌지요?" 하며 미안해하시던 어머니
저의 친구 수녀들이
기도를 해드리겠다고 하면
그들을 위해 먼저
고운 목소리로 기도해 주시던 어머니
기도가 안 될 적엔
어머니부터 생각합니다
'기도는 영혼의 호흡'이라고
늘상 강조하시던 어머니

4
어머니가 내색 않고
안으로만 간직해 오신 슬픔들
고이 간직해 오신 꿈과 희망
간절한 기도
촛불을 켜고
새벽 미사에서
어머니 대신 봉헌하니
행복합니다

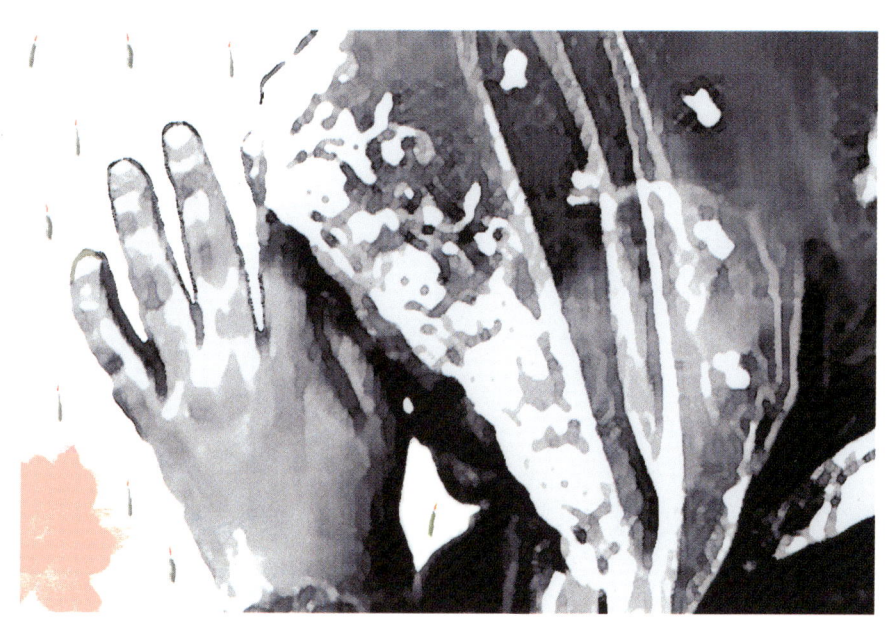

어머니의 유년 시절

"어릴 적 나는 혼자 노는 것도 좋아했지
큰 나무 아래 기대
많은 것을 생각하는 일도
전혀 지루하지 않았지"

"진작 알았으면
나도 수도자가 되었을지도 모르고"

종종 이렇게 말씀하신 어머니
어머니의 출생지인
강원도 양구에 와서
동그랗고 복스러운
어머니의 소녀 시절을
떠올려 봅니다

산과 강이 아름다운 이곳에 와서
맘씨 곱던 소녀 순옥이가
미래를 향해 꾸었을 꿈을 생각해 봅니다

노인대학에서

오늘은 제가
성당의 노인대학에서
강의를 하였습니다

어머니의 시와 편지와
메모를 읽으면서
끝까지 울지 않으려고
눈을 크게 뜨고
목소리도 높였는데
어느 순간
가슴이 미어졌어요

어머니도 한때
노인대학 학생임을
퍽도 자랑스러워 하셨지요
글을 써서 상도 많이 받으시고
방송 출연도 하시며
행복해 하셨습니다

제 이야길 열심히 듣는

어르신들이 오늘은 모두
어머니로 보였습니다

해마다 어버이날이 되면
노인정 구청 성당의 잔치를 다 도시며
기념품을 받아 모아 두었다가
기차를 타고 부산에 와서
수녀 딸들에게 나누어 주며
"이건 내가 수녀들 위해
특별히 모아 둔 거야" 하시던 어머니
하늘나라 대학은 어떠신가요?
저도 어머니처럼 선물을 모아 두었다가
요긴하게 나누어 주는 취미를
날로 발전시켜 가고 있답니다
누가 알아주지 않아도
이렇게 나누는 삶은 매우 행복합니다, 어머니

제가 그동안 쓴 어머니 관련 글 중
'빗금 김치'를 읽어 드리니
다들 좋다며 박수를 쳤답니다

부산 피난 시절 이야길 언급했더니
강의 마치고 나서 어느 어르신이 오시어
"수녀님은 그때 어려서 날 모를 테지만
문걸이네 집에 여러 세대가 세 들어 살 적에
수녀님네는 안쪽에 살았고
저는 갓 결혼한 새댁으로 문간방에 살았지요
어머니도 한 번 뵌 일이 있고
가르멜 수녀원의 언니도 알고 지낸답니다"
하시는데 어찌나 반갑던지요
언젠가 이분을 다시 만나
어머니의 그 시절 이야기를
다시 듣고 싶답니다
어머니에 관한 이야기라면
무어라도 다 반갑고도
아름다운 선물이 됩니다

어느 노사제의 고백

"모친이 세상을 떠나시니
이젠 정말 갈 데가 없네
그 누구도 그분의 빈자리를 채울 수가 없네
이 정도인 줄은 몰랐어
이 나이에도 아이 마음 그대로야
어머니는 진정 영원한 존재이네……"

오늘 갑자기 저를 방문하신
노사제의 쓸쓸한 고백을 들으며
저는 "정말 그래요!" 하고
내내 맞장구만 쳤답니다

집을 잃어버린
한 소년의 모습이
내내
눈에 밟혔습니다

자갈치 시장에서

오늘은 자갈치 시장에 갔어요
앞치마를 입은 많은 어머니들이
펄펄 뛰는 생선을 팔고 있었어요
갈치 꽁치 고등어 납새미
부산 피난 시절에 먹던 생선이
제일 반가웠지요

하얀 쌀밥이 그립던 시절
어머니가 생선을 구워 주시던 시절
그 시절의 어머니가 문득 그립습니다
하얀 무명 앞치마 입고
돌아오지 않는 어머니의 남편
우리 아버지를 기다리던
어머니의 그 모습이 그립습니다

진분홍 그리움으로

엄마가 보내 준 씨앗을 심어
나의 꽃밭에 피워 낸 분꽃 앞에서
진분홍 그리움으로 엄마를 부르네

얼굴은 안 보여도
까만 씨앗 속에
꽃으로 숨어 웃는 엄마
엄마가 바르시던
젊은 날의 분 향기로 날아와
'애야, 잘 있니?'
바람 속에 하얀 목소리로
인사 건네는 엄마

엄마가 세상을 떠나고
세상엔 더욱 엄마가 가득하네
엄마를 부르다가
나도 마침내는 엄마를 따라갈
순례의 길 위에서
그리 차갑고 두렵던 죽음이
이제는 따뜻하고 정겨운 친구처럼

가까이 있네
보이지 않는 엄마가
나날이 새롭게 살아오는 시간들
오직 그리움만이 나의 위로이네

맑고 높은 기도의 말이

엄마가 앉으셨던 성당 자리에
잠시 앉아 엄마의 마음으로
기도를 해봅니다

엄마의 그 마음처럼
맑고 깊고
높고 넓은 기도의 말이
절로 떠오릅니다
엄마의 마음속으로 들어가 보니

엄마의 영어 쓰기

미국에서 막내딸 집에 계실 적에
미국 성당에 주일 미사를 가면
평화의 인사를
"피스 비 위드 유Peace be with you라고 한대서
나도 배워 하니 얼마나 흐뭇하던지!" 하시던 엄마
손녀딸과 윈도우 쇼핑window-shopping도 자주 했고
손녀가 가르쳐 주는 대로 행인들에겐
"하이Hi" 하고 인사도 했다며 자랑하시던 엄마
한 번도 영어를 배운 적 없는 엄마가
발음도 하기 어려운 미국의 여행지를
틀리지 않게 적어 놓은
엄마의 공책을 보며
엄마를 그리워합니다

수녀원 묘지에서

엄마의 무덤은 너무 멀리 있어서
우리 수녀원 묘원에 올라가
엄마가 알고 계신 우리 수녀님들께
문안을 드렸어요
우리 가족 위해 기도를 열심히 해주시던
글라라 수녀님
엄마를 종종 언니라고 부르시던
베네딕다 수녀님
《민들레의 영토》를 출간하도록 도움 주신
그레고리아 수녀님
다들 편히 쉬고 계셨어요
노란 수선화가 방긋 웃는 묘지에서
저는 경기도 포천에 계신 엄마께
손 흔들며 인사했지요

늘 겸손하게

늘 겸손하고 겸손하게
스스로 낮은 자리를
취하며 살아오신 어머니
집안의 어른이면서도
당당함 오만함과는
거리가 머셨던 어머니

자식들에게
친지들에게
그 무엇 하나
요구한 일이 없으신 어머니
어머니가 떠나신 뒤
우리는 더욱
어머니의 향기로운 인품을
새롭게 발견합니다
닮고 싶어 합니다

고운 신발은 신지도 못하고

동네 시장에 가니
모자 가게 주인도
신발 가게 주인도
제게 묻습니다
"할머니는 좀 어떠세요?"
"네? 아, 네.
할머니요? 우리 어머니요?
지난가을 하늘나라로
나들이 가셨는데요!"

손수 고르신 모자는
방 안에서도 즐겨 쓰셨지만
손수 고르신 고운 신발은 신지도 못하고
맨발로 가신 어머니
그 조그만 발로
타박타박 걸으시던 모습
눈에 선합니다

가평잣과 황남빵

'아유 이 잣의 향기는
정말 오묘하지?'
친지가 보내 준 가평잣을 먹다가
그 향기 안에서 어머니의 목소리를 듣고
반가워합니다

"이게 황남빵이라는 거야?
아이고 맛있네! 아픈 걸 다 잊겠네"
감탄하시던 어머니
친지가 경주에서 보내 준 황남빵을 먹을 적마다
어머니의 미소가 생각나
당장이라도 빵을 들고
어머니 누워 계신
천보묘원으로 달려가고 싶습니다
가평잣의 향기와
황남빵의 단팥처럼
감칠맛 나는 삶으로
어머니를 기쁘게 해드리고 싶어요

엄마 비슷한 이를 보면

길을 가다 엄마 닮은 이가 지나가면
잠시 걸음을 멈추고 뒤를 돌아봅니다
하늘나라에 전화를 걸고 싶어집니다
엄마와 목소리가 비슷한 이를 만나면
형제들에게 전화를 걸어
오늘 그런 일이 있었다고
엄마가 더욱 그리웠다고 전해 줍니다

어머니의 나들이

1
날마다 새롭게
여행용 보따리를 싸시던 어머니
소지품을 잘 분류해
메모하며 챙겨 넣으시던 어머니를
요즘은 제가 그대로 흉내 내고 있답니다

'작은 수녀 무엇 하나?
나랑 같이 나갈 건가?'

보따리를 쌌다 풀었다
일과처럼 되풀이하시던
어머니의 서랍장에는
많은 보자기들이
우리를 기다리던 어머니의 마음처럼
엎드려 울고 있네요

오늘은 어머니랑 기차를 타고
춘천에 가고 싶네요
어머니를 닮은 친척들이

많이 살고 있는
강원도에 가서
실컷 산과 호수를 보고 싶습니다

2
가정간호 수녀님의 인솔 하에
노인들이 단체로 어린이 대공원에 가기로 하셨다고
설레는 마음으로 손꼽아 기다리며
메모를 되풀이하셨지요
'어린이 대공원으로 갈 때
안내자의 지시를 따르자
실수 없이 행동하자 꼭 성공해야 한다
초조히 기다린다' 라고
비록 부축을 받아 어렵게 다녀온 나들이지만
어머니는 즐거워하셨고
이것이 지상에서의 마지막 나들이셨지요
지금도 어린이 대공원을 지나노라면
어머니의 즐거운 웃음소리가 들립니다
이제는 더 먼 곳으로 나들이를 떠나신 어머니
부디 천상에서 행복하시길 바랍니다

이웃에게도 그리움을

1
가족 아닌 이웃에게도
그리움을 남기신 엄마
지극 정성
엄마를 간병하던 요세파 수녀님도
엄마가 종종 그립대요
9월 8일 성모님의 탄신일에
하늘로 이사를 가신 엄마는
그 누구보다 고운 분이시래요
여행길 도우미를 많이 했던
바다새 아줌마도 엄마가 그립대요
어느 가을 영남 알프스의 단풍 보며
아이처럼 즐거워하시던 그 모습
잊을 수가 없대요
엄마께 멋진 지팡이를 선물했던
저의 원년 독자인 불자 상암 아저씨도
엄마를 아름다운 분으로 기억한대요
밑반찬 담당이었던 노일경 목사님 부부와
석류꽃 부부도 엄마를 생각하면
늘 미소가 떠오른다고 합니다

2

오늘은 엄마를 좋아하던
'사도요한의 집' 봉사자 티나 언니가
털실로 짠 닭을 여러 개 들고 와 말했습니다
"이것을 유난히 좋아하시던 어머니를 기억하며
수녀님의 지인들께 부활절 선물로 사용하세요.
엄마는 이 장난감닭을 보면서 환호하셨지요
"부산에는 웬 재주 있는 사람들이 이렇게 많지?"
하시던 모습이 눈에 선합니다
"하얀색과 노란색만 있네? 오골계도 있으니
까만 실로도 떠봐" 하셔서 그때부터
까만 닭을 만들기 시작했다며
엄마는 매사에 보통 분이 아니라고 하셨습니다
엄마가 떠나신 후의 첫 부활절을
실로 뜬 장난감닭을 선물하며 지냅니다
제가 닭띠라서 그런지
계란과 닭이 부활절엔
더욱 정겹게 여겨지네요

성탄카드

'작은 수녀님
은사 중에 뛰어난 글재주
신년에도 하느님의 지혜의 은총 입어
언어의 구원사업 예수님께 영광 드리고
인내의 덕을 쌓아
성모님을 닮으세요!'
빨간 장미꽃잎 한 장도
살짝 붙여서 보내신
1991년도 성탄카드에서
엄마가 웃고 계시네요
글에서나 말에서
스스로를 늘 부족하다고 표현하는 엄마를
우리는 때로 당당하지 못하다며
흉을 보았지요
늘 신앙만 강조하시는 엄마를
인간적인 재미 없다며
투덜대기도 하였음을 용서하셔요

엄마의 편지에선

오랜 세월 지났어도
빛깔이 퇴색하지 않은
엄마의 편지에선
장미 향기도 나고
치자꽃 향기도 납니다
글씨마다 살아나는
엄마의 고운 음성
맑고 그윽한 기도의 향기
읽을수록 담백합니다
뜻이 깊어 되새깁니다

엄마

누가 종이에
'엄마' 라고 쓴
낙서만 보아도
그냥 좋다
내 엄마가 생각난다

누가 큰 소리로
'엄마!' 하고
부르는 소리만 들어도
그냥 좋다
그의 엄마가
내 엄마 같다

엄마 없는 세상은
생각만 해도 눈물이
앞을 가린다

몸이 아프고
마음이 아플 때
제일 먼저 불러 보는 엄마

엄마를 부르면
일단 살 것 같다

엄마는
병을 고치는 의사
어디서나
미움도 사랑으로
바꾸어 놓는 요술 천사

자꾸자꾸 그리워해도
그리움이 남아 있는
나의
우리의 영원한 애인
엄마

사진 속의 어머니

침방 안 책상 위에 세워 둔
사진 속의 어머니가
종종 말을 건네 오십니다

'오늘도 많이 늦었네?
피곤하지 않아?
어서 밥 먹어야지!'

어느 날은 슬프게
어느 날은 염려스럽게
또 어느 날은 가장 거룩한 모습으로
표정이 달라지시는 어머니

그날 있었던 일을
제가 다 말씀 드리면
"오, 그랬어?" 하며
귀담아 들어주시던 어머니

지금은 사진 속에서
말없이 저를 바라보며

들어주고 계시네요
제 깊은 마음속까지도
다 들여다보고 계시네요

살구나무 아래서

살구꽃이 진 자리에
살구가 열렸어요

비바람에 떨어진
살구를 한참 줍다가
살구를 함께 먹던
엄마 생각이 납니다

땅 위에 시간이 가고
마음엔 사랑이 익어
이리 행복한데……

살구씨처럼
곱기만 했던
엄마의 웃음소리
오늘은 들리지 않아
서운하네요

프라하의 아기예수님상

프라하의 아기예수님상을
유난히도 좋아하셨던 어머니
이 예수상을 구해 놓고
하도 기뻐서 수백 번 절을 했다 하셨지요
이 예수님께 부탁하면 안 들어주는 게
없다고 하셨지요
어머니 떠나신 후
어머니의 예수님상을
제 방으로 가져왔습니다
지구를 손에 든 아기예수가
날마다 저를 보고
방긋 웃어 줍니다
고통의 무게도 사랑으로 들어 올리면
조금은 가벼워진다고 일러 줍니다

꿈 이야기

1
엄마가 지어 주신
빨간 갑사치마
노랑 저고리 차려입고
동심의 나라에서 꿈을 꾸었어요
예수님도 성모님도
성인들도 다 만났답니다
엄마 떠나신 후엔
지상에서의 저의 꿈도
더욱 순결하고 아름다워졌음을
스스로 감탄하며 감사를 드립니다

2
어느 아름다운 집
대문 앞에서
기다림에 지친 표정으로
저를 그윽이 바라보시던 엄마
자줏빛 비단 두루마기
단정하게 입으시고
웃을 듯 말 듯

순한 표정으로
말없이 서 계시던 엄마
깨어 보니 꿈이었지만
하루 내내 행복했습니다
다음에 꿈길에 오시거든
물끄러미 저를 바라만 보지 마시고
무어라고 말씀 좀 해보셔요

'잘 있지?'
'반갑구먼!'
'잘 살아야 해'
하고 말입니다
그러나 엄마의 침묵은
사실
더 맑고 깊은 말로
저를 바로 서게 합니다
저의 삶을 숙연하게 합니다

3
연분홍 스웨터를 입고

우리 수녀원 언덕길을
고요히 걸어 내려가시던 엄마
짐 보따리 하나 없이
홀가분한 차림으로
제가 부르는데도
뒤를 돌아보지 않으시고
서둘러 가셨지요
그것이 제가 엄마 생전에 꾼
마지막 꿈이었답니다
그 길의 끝이 어디였는지
지금은 알고 있습니다
저도 때가 되면
엄마처럼 가볍게
뒤돌아봄 없이
떠나야 하는 거지요?

어머니도 우리가

1
어머니도
지상에 두고 간 우리가
보고 싶으시지요?
가르멜 수도자의 길을 걷는
어진 맏딸 인숙이와
1남 3녀의 아빠로 행복한 삶을 꾸려가는
외아들 인구와
부산 광안리에서 바다를 보며
한 편의 시가 된
둘째 딸 해인 수녀와
오늘도
어머니를 가장 많이 부르는 울보가 된
막내 영경이가 보고 싶으시지요?
사위 며느리 손자 손녀들도 보고 싶으시지요?
사랑하는 이를 향한
그리움의 감정이 어떤 것인지
우리는 어머니가 세상을 떠나신 후
다시 배우고 있답니다

2
우리 4남매의 태몽 이야기를
문병 오는 이들에게도
즐겁게 되풀이하시던 어머니
당신의 아이들은
각자 다른 태몽 따라
각자 다른 길을 갔지만
어머니를 향한 그리움은
끝이 없습니다

이렇게 나이를 많이 먹어서도
어린이일 뿐입니다
우리에겐 똑같이
어머니가 고향입니다

엄마 흉내 내기

1
엄마 떠나신 후
단 하루도 엄마를
잊은 적이 없어요
날이 가고 달이 가도
마음은 더욱 그럴 거예요
갈수록 간절하다고
엄마를 먼저 여읜 지인들이
일러 줍니다
사람들과 만나면
어느새 저도
엄마의 말씨를 흉내 냅니다
기도를 할 때도
엄마의 표현을 따라서 해봅니다

2
고통이 지극한 상황에서도
'죽겠다' '못 살겠다'
극단적인 막말로 푸념을 못 하시던 엄마

"내 몸이 안정적이질 못하네
속히 안정을 취해야 할 텐데!"
정도로 괴로움을 표현하곤 하셨지요

어쩌다 막말을 하고 싶을 적마다
엄마를 생각하며 자세를 고칩니다

비 오는 토요일

오늘은 아침부터
비가 내립니다
매주 토요일만 되면
토요일에 떠나신 엄마가
더욱 생각납니다

병원에 가신 날도
세상을 떠나신 날도
모두 토요일이었지요
고통의 성모님을 기억하는
토요일이었지요

'최고의 고비로서 더 노력해야 한다'
'감사의 잔이 넘치고 넘치나이다'
병실 벽에다 이렇게 메모하라고
제게 명령하신 날도 토요일이었지요

이렇게 비가 많이 오는 오늘
엄마의 무덤에도 빗물이 스미겠어요
'아유 시원하다, 빗방울이 나에게

동그라미를 만들어 주네?'
아이를 닮은 엄마의
해맑은 목소리가
비에 젖은 저를
행복하게 해줍니다

어머니는 가셨지만

1
어머니는 가셨지만
우리 잘 살게요
어머니처럼
맑고 고운 사람 되도록
노력하고 노력할게요
슬픔 속의 그리움도 잘 익혀서
사랑으로 만들게요
기도로 봉헌할게요
마침내는 어머니와 함께
행복하다고 말할 수 있도록
세상 사람 모두를 조건 없이 사랑한다고
어머니처럼 너그럽게
말할 수 있도록……

2
다시 그립습니다, 어머니
다시 사랑합니다, 어머니

써도 써도 끝이 없는 글

불러도 불러도 끝이 없는 노래

이제는 침묵 속에 남기렵니다
이제는 기도 속에 익히렵니다

어머니가 우리 어머니셨음이
다시 고맙습니다, 어머니
언제나 안녕, 안녕히!

묵주 주머니

성당 바자회가 있을 때마다
어머니는 이런 모양의 묵주 주머니를 부지런히 만들어 내면서
많이 팔린다고 기뻐하셨다.

수저집

얼핏 보기엔 지갑 같지만
수녀원에서 사용하는 식탁용 수저집으로
어머니가 만들어 준 것인데 쓰지 않고 보관해 두었다.

삶이 고단하고 괴로울 때
눈물 속에 불러 보는
가장 따뜻한 이름, 어머니

어머니 생전에 쓴 해인 수녀의 시와 동시들

어머니의 섬

달밤

내가 너를 낳을 무렵엔
둥근 달 속에서
고운 선녀들이 비단구두 신고
춤추는 모습을 보았단다

즐겨 말씀하시던
엄마의 얼굴
그 둥근 얼굴이
달 속에서
나를 내려다본다

다시 어린이가 되어
"엄마" 하고
나직이 불러 보면
"그래" 하고
대답하는
은은한 달빛의 소리

고향의 달

강원도의 깊은 산골에서
내가 태어날 무렵
어머니가 꿈속에서 보았다는
그 아름다운 달
고향 하늘의
밝고 둥근 달이
오랜 세월 지난 지금도
정다운 눈길로
나를 내려다보네

'너는 나의 아이였지
나의 빛을 많이 마시며 컸지'
은은한 미소로 속삭이는 달

달빛처럼 고요하고
부드럽게 살고 싶어
눈물 흘리며 괴로워했던
달 아이의 지난 세월도
높이 떠오르네

삶이 고단하고 사랑이 어려울 때
차갑고도 포근하게
나를 안아 주며 달래던 달

나를 낳아 준 어머니
어머니의 어머니 그리고 또 어머니
수많은 어머니를 달 속에 보네
피를 나누지 않고도
이미 가족이 된 내 사랑하는 이들
가을길 코스모스처럼 줄지어서
손 흔드는 모습을 보네

달이 뜰 때마다 그립던 고향
고향에 와서 달을 보니
그립지 않은 것 하나도 없어라
설렘에 잠 못 이루는 한가윗날
물소리 찰랑이는 나의 가슴에도
또 하나의 달이 뜨네

엄마의 꽃씨

엄마가 꽃씨를 받아
하얀 봉투에 넣어
편지 대신 보내던 날
이미 나의 마음엔
꽃밭 하나가 생겼습니다

흙 속에 꽃씨를 묻고
나의 기다림도 익어서 터질 무렵
마침내 나의 뜨락엔
환한 얼굴들이 웃으며
나를 불러 세웠습니다

연분홍 접시꽃
진분홍 분꽃
빨간 봉숭아꽃
꽃들은 저마다
할 이야기가 많은 듯했습니다
사람들은 왜 그리 바빠 사느냐고
핀잔을 주는 것 같았습니다

엄마가 보내 준
꽃씨에서 탄생한 꽃들이 질 무렵
나는 다시 꽃씨를 받아
벗들에게 선물로 주겠습니다

꽃씨의 돌고 도는 여행처럼
사랑 또한 돌고 도는 것임을
엄마의 마음으로 알아듣고
꽃물이 든 기도를 바치면서
한 그루 꽃나무가 되겠습니다

어머니의 편지

철 따라 내게 보내는
어머니 편지에는
어머니의 향기와
추억이 묻어 있다

당신이 무치던
산나물 향기 같은 봄 편지에는
어린 동생의 손목을 잡고
시장 간 당신을 기다리던
낯익은 골목길이 보인다

당신이 입으시던
옥색 모시 적삼처럼
깨끗하고 시원한 여름 편지에는
우리가 잠자는 새
빨간 봉숭아 물 손톱에 들여 주던
당신의 사랑이 출렁인다

당신이 정성껏
문창호지에 끼워 바르던

국화잎 내음의 가을 편지에는
어느 날
딸을 보내고
목메어 돌아서던
당신의 쓸쓸한 뒷모습이 보인다

당신이 다듬이질하던
하얀 옥양목 같은 겨울 편지에는
꿇어서 묵주알 굴리는
당신의 기도가 흰 눈처럼 쌓여 있다

철 따라 아름다운
당신의 편지 속에
나는 늘 사랑받는 아이로 남아
어머니만이 읽을 수 있는
색동의 시들을
가슴에 개켜 둔다

어머니

당신의 이름에선
색색의 웃음 칠한
시골집 안마당의
분꽃 향기가 난다

안으로 주름진 한숨의 세월에도
바다가 넘실대는
남빛 치마폭 사랑

남루한 옷을 걸친
나의 오늘이
그 안에 누워 있다

기워 주신 꽃골무 속에
소복이 담겨 있는
유년幼年의 추억

당신의 가르마같이
한 갈래로 난 길을
똑바로 걸어가면

나의 연두 갑사저고리에
끝동을 다는
다사로운 손길

까만 씨알 품은
어머니의 향기가
바람에 흩어진다

엄마를 기다리며

동생과 둘이서
시장 가신 엄마를 기다리다가
나는 깜빡 잠이 들었습니다

문득 눈을 떠보니
"언니, 이것 봐!
우리 엄마 냄새 난다"

벽에 걸려 있는
엄마의 치마폭에 코를 대고
웃고 있는 내 동생

시장바구니 들고
골목길을 돌아오는
엄마 모습이 금방 보일 듯하여

나는 동생 손목을 잡고
밖으로 뛰어 나갑니다
엄마 기다리는 우리 마음에
빨간 노을이 물듭니다

엄마는 우리에게

학교에서 돌아오면
책상 앞에 앉아
내내 동화책만 읽는 나에게 엄마는
"제발 좀 밖에 나가서
뛰어놀다 들어오면 안 되니?"

책가방 내던지자마자
밖에 나가 뛰어노는 내 동생에겐
"제발 들어가서
책 좀 읽다 나오면 안 되니?"

엄마 말씀 듣지 않고
하던 일을 더 열심히
계속하는 우리에게
"애들은 참……"
웃고 마시는 엄마
말 안 듣는 우리에게
늘 지고 마시는 엄마

엄마와 딸

이렇게 나이를 먹어서도
엄마와 헤어질 땐 눈물이 난다
낙엽 타는 노모의 적막한 얼굴과
젖은 목소리를 뒤로 하고 기차를 타면
추수를 끝낸 가을 들판처럼
비어 가는 내 마음
순례자인 어머니가
순례자인 딸을 낳은
아프지만 아름다운 세상

늘 함께 살고 싶어도
함께 살 수는 없는
엄마와 딸이

서로를 감싸 주며
꿈에서도 하나 되는
미역빛 그리움이여

어머니의 섬

늘 잔걱정이 많아
아직도 뭍에서만 서성이는 나를
섬으로 불러 주십시오, 어머니

세월과 함께 깊어 가는
내 그리움의 바다에
가장 오랜 섬으로 떠 있는
어머니

서른세 살 꿈속에
달과 선녀를 보시고
세상에 나를 낳아 주신
당신의 그 쓸쓸한 기침 소리는
천리 밖에 있어도
가까이 들립니다

헤어져 사는 동안 쏟아 놓지 못했던
우리의 이야기를
바람과 파도가 대신해 주는
어머니의 섬에선

외로움도 눈부십니다

안으로 흘린 인내의 눈물이 모여
바위가 된 어머니의 섬
하늘이 잘 보이는 어머니의 섬에서
나는 처음으로 기도를 배우며
높이 날아가는
한 마리 새가 되는 꿈을 꿉니다, 어머니

어머니의 방

낡은 기도서와
가족들의 빛바랜 사진
타다 남은 초가 있는
어머니의 방에 오면

철없던 시절의
내 목소리 그대로 살아 있고
동생과 소꿉놀이하며 키웠던
석류빛 꿈도 그대로 살아 있네

어둡고 고달픈 세월에도
항상 희망을 기웠던
어머니의 조각보와
사랑을 틀질 했던
어머니의 손재봉틀을 만져 보며

이제 다시
보석으로 주워 담는
어머니의 눈물
그 눈물의 세월이

나에겐 웃음으로 열매 맺었음을
늦게야 깨닫고 슬퍼하는
어머니의 빈방에서
이젠 나도 어머니로 태어나려네

어머니의 손

늦가을 갈잎 타는 내음의
마른 손바닥

어머니의 손으로
강이 흐르네

단풍잎 떠내리는
내 어릴 적 황홀한 꿈

어머니를 못 닮은 나의 세월
연민으로 쓰다듬는 따스한 손길

어머니의 손은 어머니의 이력서
읽을수록 길어지네

오래된 기도서의
낡은 책장처럼 고단한 손

시들지 않는 국화 향기 밴
어머니의 여윈 손

치자꽃

눈에 익은
어머니의
옥양목 겹저고리

젊어서 혼자된
어머니의 멍울진 한을
하얗게 풀어서
향기로 날리는가

'애야, 너의 삶도
이처럼 향기로우렴'

어느 날
어머니가
편지 속에 넣어 보낸
젖빛 꽃잎 위에

추억의 유년이
흰 나비로 접히네

어머니께 드리는 노래

어디에 계시든지
사랑으로 흘러
우리에겐 고향의 강이 되는
푸른 어머니

제 앞길만 가리며
바삐 사는 자식들에게
더러는 잊히면서도
보이지 않게 함께 있는 바람처럼
끝없는 용서로
우리를 감싸 안은 어머니

당신의 고통 속에 생명을 받아
이만큼 자라 온 날들을
깊이 감사할 줄 모르는
우리의 무례함을 용서하십시오

기쁨보다는 근심이
만남보다는 이별이 더 많은
어머니의 언덕길에선

하얗게 머리 푼 억새풀처럼
흔들리는 슬픔도 모두 기도가 됩니다

삶이 고단하고 괴로울 때
눈물 속에 불러 보는
가장 따뜻한 이름, 어머니
집은 있어도
사랑이 없어 울고 있는
이 시대의 방황하는 자식들에게
영원한 그리움으로 다시 오십시오, 어머니

아름답게 열려 있는 사랑을 하고 싶지만
번번이 실패했던 어제의 기억을 묻고
우리도 이제는 어머니처럼
살아 있는 강이 되겠습니다
목마른 누군가에게 꼭 필요한
푸른 어머니가 되겠습니다

여름 노래

엄마의 무릎을 베고
스르르 잠이 드는
여름 한낮

온 세상이
내 것인 양
행복합니다

꿈에서도
엄마와 둘이서
바닷가를 거닐고
조가비를 줍다가

문득 잠이 깨니
엄마의 무릎은 아직도
넓고 푸른 바다입니다

해바라기 마음

온종일 해를 보며 산다는
노란 해바라기를
엄마는 보셨을 거야

엄마의 꽃밭에는
해 바라는 아이들이
많이도 있다는데

사람들이 날마다
해를 보고 사는 것처럼
엄마를 보고 사는 건
우리의 제일 큰 기쁨이어요

하느님이 들려주는
조용한 이야기들이
착한 맘을 갖고 있으면
퍽 잘도 들려온다고
엄마는 해를 보고
우리는 엄마를 보고

우는 연습

엄마를 기다리다 지친 아이는
심통이 잔뜩 나서
찡그린 얼굴로
거울 앞에 섰습니다

엄마가 도착하면
'이렇게 울어 볼까?'
'저렇게 울어 볼까?'
우는 연습 한참 하다
어느새 스르르
잠이 든 아이

꿈에서도
우는 연습
계속하는지
얼굴엔 눈물도 없는데
흐느낍니다

엄마와 아이

"엄마
난 엄마가
내 앞에 계셔도
엄마가 보고 싶어요"
동그랗게 웃음 짓는
동그란 아이를 끌어안는
동그란 그리움 속의 엄마

"그래
나도 네가
내 앞에 있어도
네가 보고 싶단다"

엄마, 저는요

엄마, 저는요
새해 첫날 엄마가
저의 방에 걸어 준
고운 꽃달력을 볼 때처럼
늘 첫 희망과 첫 설렘이 피어나는
그런 마음으로 살고 싶어요

첫눈이 많이 내린 날
다투었던 친구와 화해한 뒤
손잡고 길을 가던 때처럼
늘 용서하고 용서받는
그런 마음으로 살고 싶어요

엄마, 저는요
장독대를 손질하며
콧노래를 부르시고 꽃밭을 가꾸시다
푸른 하늘 올려다보시는
엄마의 그 모습처럼
늘 부지런하면서도 여유 있는
그런 마음으로 살고 싶어요

엄마와 분꽃

엄마는 해마다
분꽃 씨를 받아서
얇은 종이에 꼭꼭 싸매 두시고
더러는 흰 봉투에 몇 알씩 넣어
멀리 있는 언니들에게
선물로 보내셨다

어느 날
학교에서 돌아온 나에게 엄마는
"분꽃씨를 뿌렸단다
머지않아 싹이 트고 꽃이 피겠지?"
하시며 분꽃처럼 환히 웃으셨다

많은 꽃이 피던 날
나는 오래오래 생각했다

고 까만 꽃씨 속에서
어쩌면 그렇게 푸른 잎이 돋았는지?
어쩌면 그렇게 빨간 꽃 노란 꽃이
태어날 수 있었는지?

고 딱딱한 작은 씨알 속에서
어쩌면 그렇게 부드러운 꽃잎들이
한꺼번에 쏟아져 나왔는지?

나는 오래오래
분꽃 곁을 떠날 수가 없었다

나의 어머니

"이럭저럭 시간이 잘도 가네
이러다 마침내는
갈 곳으로 가는 것일 테지?"
가늘게 한숨 쉬며 내뱉는
구순의 어머니 말씀

"남에게 짐이 되는 내 모습이
왠지 싫어지려고 해
그래도 참아야겠지?"
지상에서의 이별이
얼마 안 남은
노모老母의 애틋한 혼잣말이
나를 울리네

흰구름처럼 가볍지만
나날이 초라해서 무거운
당신의 육신을
하루하루 버텨 내기 힘들어
존재 자체가 눈물이고
겸손인 나의 어머니

'목마르다'고 외치는
십자가의 예수님을
고요히 우러르는 것만이
어머니의 위로이며 기도인가
일상의 일에는 무심하시고
어느 먼 곳을 바라보시는
쓸쓸한 눈빛의 평화여

편지

어제를 보내고 돌아와
닫힌 창을 열면
순백의 옷을 입고 오는
정결한 아침

어머니
때로는 슬픔이 기다리는
좁은 돌층계를 기쁘게 오르다가
갑갑하게 돌아와 부른
나의 노래가 한숨일지라도
진정 오랜 날 하늘을 안고
깊은 마음밭에 물을 뿌리게 한
신앙은 또 하나의
목숨이었습니다

한 번밖엔 주어지지 않은
짧은 여정旅程을 위해
얼마나 성스럽게 짐을 꾸려야 할지
그 한 분의 큰 손이
나의 어깨를 치셨습니다

부르시는 소리에 옷깃을 여미며
처음인 듯 새롭게
가득히 안아 보는
은혜로운 햇살

어머니
일출의 바다는 또한
일몰의 바다임을 기억하고 싶습니다
님이 오실 그 바다에서
당신을 만나겠지요

짙푸른 파도 같은
노래를 태우며
가야 할 아침들이 기도에 젖어
늘 깨어 있었으면 합니다
어머니

괴불주머니

많이 받았지만
이웃에게 다 나누어 주고
몇 개 안 남은 어머니의 작품.

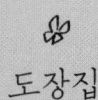

도장집

어머니의 유품을 정리하다 발견한 도장집.
끝에 달린 장식이
사랑스럽다.

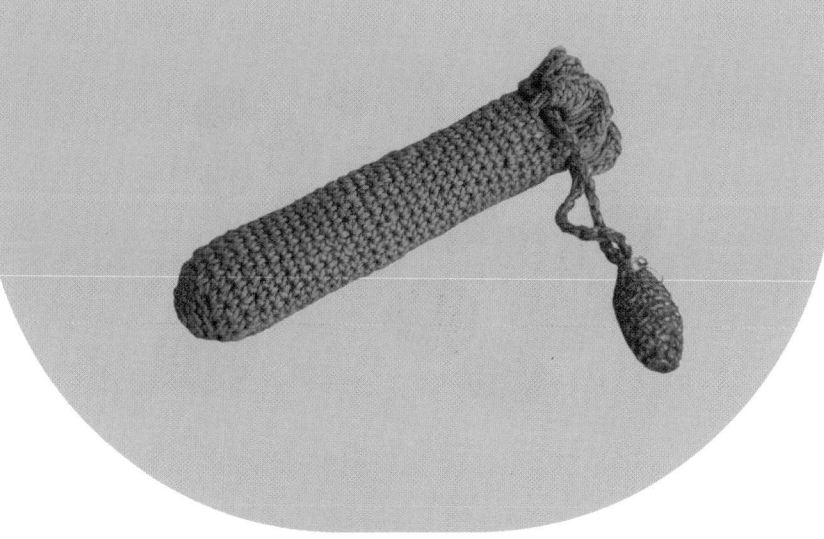

단추들

어머니는 각종 단추를 모아
이리저리 감상하고
애용하시며 즐거워하셨다.

추모 글 하나

어머니를 그리며

"김순옥 할머니 드디어 세상을 떠났다고
곧 소문이 나겠네? 하늘나라에 갈 적엔
몸도 마음도 미소 지으며 가고 싶은데
뜻대로 될까 모르겠네.
자면서도 아프면서도 자꾸만
기도가 나오는 게 신기해."
어느 날 병상에서 어머니는 이렇게 말씀하셨지요?

9월 8일, 성모 성탄 축일에
가을 하늘, 가을 바람
유난히 아름다운 아침에
길을 떠나신 어머니.
참으로 어머니의 일생은
하느님을 향한 감사의 기도이고
가족과 이웃을 향한 사랑의 노래였습니다.
성모님을 닮은
겸손과 순결의 찬가였습니다.
사랑하고 존경하는 어머니

병석에서도 즐겨 드시던

콩나물처럼 맑고 담백한 향기로

우리는 언제 어디서나

맑고 고운 어머니를 그리워할 것입니다.

다시는 어머니의 소녀 같은

그 웃음소리를 들을 수 없고

하늘하늘한 원피스에 스카프로 멋을 내시고

예쁜 모자를 쓰고 외출하시던

아담한 그 모습을 만날 수 없고

지독히 야윈 손이나마 잡아 볼 수도 없는

슬픔에 가슴이 미어지지만

어머니께서 그토록 사랑했던

아들과 며느리

딸들과 손자 손녀

친척과 친지들은

하느님을 믿는 사람답게

이제는 좀 더 의연한 마음으로

먼 길을 보내 드려야지요?

그러나 어머니를 보내 드리는

마지막 이별의 예식에서조차

다시는 어머니를 뵐 수 없다는

현실을 부정하고 싶은 마음이 듭니다.

"힘든 일이 있을 땐 무엇이든

예수님께 부탁하면 돼……

너무 힘들 적엔

'나 예수야' 하는 그분의 목소리를

나는 직접 들었지" 하시던 어머니

우리도 이제 어머니처럼 열심히

예수님 성모님을 부르며 섬기며 사는

기도의 사람들이 될게요.

알록달록한 털실을 직접 사다가

가족들에게 마지막 선물로

떠 놓고 가신 따뜻한 털목도리처럼

다른 사람들의 슬픔과 외로움을

따스하게 감싸 안는 사랑의 사람들이 될게요.

어머니가 즐겨 빗으시던

아름다운 꽃골무처럼

섬세한 손끝으로 우리 각자의 삶을 수놓는

기쁨의 사람들이 될게요.

어머니 안녕히 가십시오!

고통과 아픔도 슬픔도 없는

평화의 나라에서 맑은 물로 흐르는 평화의 노래가 되고

하늘빛을 닮은 사랑의 새가 되어

영원의 나라에서 편히 쉬십시오.

세상에서 못다 이루신 일 다 잊으시고

자식들이 잘못한 것들

모두 용서한다 하셨지만 더 많이

용서해 주시며 잊을 것 다 잊으시고

이제는 어머니를 사랑하는 이들의

가슴속에서 한 점 별이 되어

기도로 떠올라 주십시오.

우리의 끝나지 않는

눈물이고 그리움인 어머니 어머니……

어머니를 한 번 만난 일이 있는 사람들은

강원도의 산 같은 그 모습 잊을 수 없어

'우리 모두의 어머니'라고 부르는 어머니.

세상에서 함께해 주신 시간들

정말 감사했습니다. 안녕히 가십시오!

2007년 9월 10일 장례 미사 후 고별식에서

딸 이해인

추모 글 둘
어머니 떠나시는 길에 서서

　지금 여기 누워 계신 김 펠리치타 우리 어머니는, 열아홉에 우리 이씨 집안의 맏며느리로 들어오셔서 저희들 1남 3녀를 두셨고 서른아홉에 아버님과 이별하는 큰 아픔을 당하셨습니다. 그 아픔을 안으로 안으로만 삭이시며 저희 4남매를 키워내셨습니다.

　돌이켜 보면, 아버님의 납북 이후 어머니의 세월은 그대로 기다림의 세월, 인내의 세월 그리고 기도의 세월이었습니다.

　여기 생전에 어머니가 남기신 한 편의 기도시가 있습니다.

「성모여! 제 곁에 항상 머물러 주소서.

　답답한 마음을 기도로 달래 보지만, 더러더러 약해질 땐 어쩔 수가 없습니다.

　집 떠난 지는 수십 년인데 여전히 감감하기만 한 그 양반 소식을, 그래도 행여나 싶어 일구월심 기다리다 가슴에 멍이 들었습니다.

　이 상처가 너무 아픕니다.

　성모여, 저의 상처를 매만져 주소서.

　아니면 제발 인내의 덕이라도 길러 주소서.」

　이런 글을 쓰셨지만 자식들 앞에선 정작 그 아픔을 내색조

차하지 않으셨습니다. 그런 어머니에 대한 고마움을 저희들은 늘 마음속에만 담고 있었을 뿐 표현하지 못하다가, 어머니의 임종을 예감하고서야 비로소 말씀드렸습니다.

어머니 같은 분을 우리 어머니로 만났던 게 얼마나 큰 은혜인지, 자식들 모두가 너무 감사하게 생각한다고요.

어머니는 작은 목소리로 "나두!" 이런 대답을 주셨습니다.

또 그동안 저희들로 인해 섭섭한 적이 있으셨다면 용서해 달라고 청했을 때도 역시 "나두!" 한마디로 짧게 대답하셨습니다.

어머니는 이제 그 짧은 대답도 하실 수가 없습니다.

입도 귀도 닫으셨습니다.

어머니는 이제 그 긴 세월 동안 그토록 그리시던 아버님 곁으로 가십니다.

떠나시는 우리 어머니를 위한 미사 예절을 맡아 주신 본당 신부님과 특히 어머니와 각별하게 지내시던 여러 신부님들, 본당 수녀님, 가정간호 수녀님, 연령회 그리고 이 자리를 함께해 주신 여러분께 감사드립니다. 가족을 대표해서 다시 한 번 진심으로 감사드립니다.

2007년 9월 10일 장례 미사 후 고별식에서

상주 이인구(요셉)

눈물 항아리

어머니 그리울 적마다
눈물을 모아 둔
항아리가 있네

들키지 않으려고
고이고이 가슴에만 키워 온
둥글고 고운 항아리

이 항아리에서
시가 피어나고
기도가 익어 가고
내가 어떻게 살아야 할지
빛으로 감싸 안는
지혜가 빚어지네

계절이 바뀌어도
사라지지 않는
이 눈물 항아리는
어머니가 내게 주신
마지막 선물이네

초등학교 6학년 설날, 엄마가 해주신 고운 한복을 입고.
(뒷줄 오른쪽에서 두 번째)

1990년대, 어머니의 방 앞에서.

외손녀 권계현(레지나)이 그린
할머니 초상화.

당신께 전하는 감사 편지

　오늘은 비가 내립니다.
　병원 창밖으로 보이는 나무들, 사람들, 자동차들 모두가 다 새롭게 보입니다. 엄마에 대한 원고를 넘기고 나서 갑자기 깊은 병이 발견돼 입원 후 수술을 받고 하루하루를 힘겹게 견디면서 저에겐 고통의 의미가 더욱 구체적으로 다가옵니다.
　생전 처음으로 큰 수술을 받으면서 수없이 하느님과 엄마를 불렀고, 마취에서 깨어날 때까진 어딘가 딴 세상을 다녀온 느낌이 들었습니다. 엄마가 이미 가 계신 저 세상에 가도 좋고 좀 더 지상에 남아 제가 할 수 있는 사랑의 일을 하고 가도 좋다고 생각했습니다.
　몸으로, 마음으로 병을 앓는 세상의 수많은 사람들에게 저도 이젠 더 실감나는 위로의 말을 건넬 수가 있을 것 같은 생각이 듭니다. 지금껏 제가 강단에서 했던 좋은 말들, 사석에서 했던 좋은 말들, 책에 썼던 좋은 말들 다 잊어버리고 이제는 그날그날을 더욱 새롭게, 고맙게, 반가운 선물로 마지막인 듯 받아 안고 사는 일만 남은 것 같습니다.
　이번에 몸으로 크게 겪은 이 아픔이 수도 생활 40년을 총정리하는 하나의 기도이고 시라는 생각을 해봅니다.
　병실에 있는 동안 기도해 주시고, 사랑의 격려를 아끼지 않으신 수도 가족들, 형제들, 친지들에게 진심으로 감사드립니다. 방문도 못 하고 안타까웠을 많은 독자들에게도 사랑을 전합니다. 앞으로 어떤 일이 일어나든 '모든 것 주께 맡기고 그분께 바라는' 선하고 고운 여종이 되도록 저를 축복해 주시길 부탁드립니다. 부족한 제게 쏟아 주신 분에 넘치는 사랑에 깊이 감사드리면서 제가 수술 후 마취에서 깨어나 읊었다는 시를 제 마음의 선물로 드립니다.

울고 싶어도 못 우는 너를 위해
내가 대신 울어 줄게
마음 놓고 울어 줄게
오랜 나날 네가 그토록
사랑하고 사랑받은 모든 기억들
행복했던 순간들 푸르게 푸르게
내가 대신 노래해 줄게
일상이 메마르고 무디어질 땐
새로움의 포말로 무작정 달려올게
- '파도의 말' 전문

2008년 여름 병실에서

이해인

엄마

1판 1쇄 발행 2008년 8월 15일
1판 31쇄 발행 2024년 11월 29일

지은이 이해인
펴낸이 김성구

그림 하정민
사진 한영희

콘텐츠본부 고혁 양지하 김초록 이은주 류다경
디자인 이영민
마케팅부 송영우 김지희 김나연 강소희
제작 어찬
관리 안웅기

펴낸곳 ㈜샘터사
등록 2001년 10월 15일 제1-2923호
주소 서울시 종로구 창경궁로35길 26 2층 (03076)
전화 1877-8941 팩스 02-3672-1873
이메일 book@isamtoh.com 홈페이지 www.isamtoh.com

ⓒ 이해인, 2008, *Printed in Korea.*

이 책은 저작권법에 따라 보호를 받는 저작물이므로 무단 전재와 복제를 금지하며,
이 책의 내용 전부 또는 일부를 이용하려면 반드시 저작권자와 ㈜샘터사의 서면 동의를 받아야 합니다.

ISBN 978-89-464-1735-9 03810

값은 뒤표지에 있습니다. 잘못 만들어진 책은 구입처에서 교환해 드립니다.